TEXTE DES LOIS

CONCERNANT LES

ACCIDENTS DU TRAVAIL

ET

Circulaire ministérielle du 3 mai 1905

EXTRAIT DE LA

REVUE JUDICIAIRE DES ACCIDENTS DU TRAVAIL

PUBLIÉE PAR

M. ÉMILE BERT

Docteur en droit
Ingénieur des arts et manufactures

AVEC LE CONCOURS D'AVOCATS, DE MAGISTRATS ET DE PROFESSEURS
et honorée de souscriptions des Ministères de la Justice et du Commerce et de l'Industrie

Prix : 1 fr. 50

PARIS

AUX BUREAUX
DE LA
REVUE JUDICIAIRE DES ACCIDENTS DU TRAVAIL
7, boulevard Saint-Denis, 7

ACCIDENTS DU TRAVAIL

TEXTE DES LOIS

CONCERNANT LES

ACCIDENTS DU TRAVAIL

ET

Circulaire ministérielle du 3 mai 1905

EXTRAIT DE LA

REVUE JUDICIAIRE DES ACCIDENTS DU TRAVAIL

PUBLIÉE PAR

M. ÉMILE BERT

Docteur en droit
Ingénieur des arts et manufactures

AVEC LE CONCOURS D'AVOCATS, DE MAGISTRATS ET DE PROFESSEURS

et honorée de souscriptions des Ministéres de la Justice et du Commerce et de l'Industrie

Prix : 1 fr. 50

PARIS

AUX BUREAUX
DE LA
REVUE JUDICIAIRE DES ACCIDENTS DU TRAVAIL
7, boulevard Saint-Denis, 7

ACCIDENTS DU TRAVAIL

**LOI du 31 mars 1905, modifiant divers articles de la loi du
9 avril 1898, concernant les responsabilités des accidents
dont les ouvriers sont victimes dans leur travail.**

Le Sénat et la Chambre des députés ont adopté,

Le Président de la République promulgue la loi dont la teneur
suit :

Article premier. — Les articles 3, 4, 10, 15, 16, 19, 21, 27 et 30 de
la loi du 9 avril 1898 sont modifiés ainsi qu'il suit :

(Voir ces articles reproduits pages 7 et suivantes)

Art. 2. — Le tarif visé à l'article 4 de la loi du 9 avril 1898, ci-
dessus modifié, devra être établi dans un délai de six mois à compter
de la promulgation de la présente loi et publié au *Journal officiel*. Il
sera appliqué un mois après cette publication et jusque-là les tarifs
d'assistance médicale gratuite resteront transitoirement applicables.

Art. 3. — La présente loi sera applicable aux accidents visées par
la loi du 30 juin 1899.

Art. 4. — La présente loi — en ce qu'elle décide que l'indemnité
journalière sera due à partir du premier jour après celui de l'accident
si l'incapacité de travail a duré plus de dix jours — et en ce qui concerne le maximum des frais d'hospitalisation — n'entrera en vigueur
que trente jours après sa promulgation.

La présente loi, délibérée et adoptée par le Sénat et par la Chambre
des députés, sera exécutée comme loi de l'Etat.

Fait à Paris, le 31 mars 1905.

E. Loubet.

Par le Président de la République :
*Le ministre du commerce, de l'industrie,
des postes et des télégraphes,*
F. Dubief.

Le garde des sceaux, ministre de la justice,
J. Chaumié.

TEXTE DE LA LOI DU 9 AVRIL 1898

MODIFIÉE PAR LES LOIS DU 22 MARS 1902 ET DU 31 MARS 1905 (1)

TITRE PREMIER

INDEMNITÉS EN CAS D'ACCIDENTS

ARTICLE PREMIER. (*Texte de la loi du 9 avril 1898*). — Les accidents survenus par le fait du travail, ou à l'occasion du travail, aux ouvriers et employés occupés dans l'industrie du bâtiment, les usines, manufactures, chantiers, les entreprises de transport par terre et par eau, de chargement et de déchargement, les magasins publics, mines, minières, carrières et, en outre, dans toute exploitation ou partie d'exploitation dans laquelle sont fabriquées ou mises en œuvre des matières explosives, ou dans laquelle il est fait usage d'une machine mue par une force autre que celle de l'homme ou des animaux, donnent droit, au profit de la victime ou de ses représentants, à une indemnité à la charge du chef d'entreprise, à la condition que l'interruption de travail ait duré plus de quatre jours.

Les ouvriers qui travaillent seuls d'ordinaire ne pourront être assujetis à la présente loi par le fait de la collaboration accidentelle d'un ou de plusieurs de leurs camarades.

ART. 2. (*Texte de la loi du 22 mars 1902*). — Les ouvriers et employés désignés à l'article précédent ne peuvent se prévaloir, à raison des accidents dont ils sont victimes dans leur travail, d'aucunes dispositions autres que celles de la présente loi.

Ceux dont le salaire annuel dépasse deux mille quatre cents francs (2.400 francs) ne bénéficient de ces dispositions que jusqu'à concurrence de cette somme. Pour le surplus, ils n'ont droit qu'au quart des rentes stipulées à l'article 3, à moins de conventions contraires élevant le chiffre de la quotité.

---

(1) Les lois du 22 mars 1902 et 31 mars 1905 ayant apporté des modifications très importantes à la loi du 9 avril 1898, nous avons fusionné ensemble les textes de ces trois lois, afin de donner le texte complet de la législation qui est actuellement en vigueur, en ce qui concerne les responsabilités des accidents dont les ouvriers sont victimes.

Voyez le texte de la loi du 9 avril 1898, *Acc. Trav.*, 1900, 6; — le texte de la loi modifié par la loi du 22 mars 1902, *Acc. Trav.*, 1902, 97 et le texte de la loi du 31 mars 1905, *Acc. Trav.*, 1905, 193 et suivants.

Art. 3. (*Texte de la loi du 31 mars 1905*). — Dans les cas prévus à l'article 1er, l'ouvrier ou employé a droit :

Pour l'incapacité absolue et permanente, à une rente égale aux deux tiers de son salaire annuel ;

Pour l'incapacité partielle et permanente, à une rente égale à la moitié de la réduction que l'accident aura fait subir aux salaire ;

Pour l'incapacité temporaire, si l'incapacité de travail a duré plus de quatre jours, à une indemnité journalière, sans distinction entre les jours ouvrables et les dimanches et jours fériés, égale à la moitié du salaire touché au moment de l'accident, à moins que le salaire ne soit variable ; dans ce dernier cas, l'indemnité journalière est égale à la moitié du salaire moyen des journées de travail pendant le mois qui a précédé l'accident. L'indemnité est due à partir du cinquième jour après celui de l'accident ; toutefois, elle est due à partir du premier jour si l'incapacité de travail a duré plus de dix jours. L'indemnité journalière est payable aux époques et lieu de paye usités dans l'entreprise, sans que l'intervalle puisse excéder seize jours.

Lorsque l'accident est suivi de mort, une pension est servie aux personnes ci-après désignées, à partir du décès, dans les conditions suivantes :

a) Une rente viagère égale à 20 p. 100 du salaire annuel de la victime pour le conjoint survivant non divorcé ou séparé de corps, à la condition que le mariage ait été contracté antérieurement à l'accident.

En cas de nouveau mariage, le conjoint cesse d'avoir droit à la rente mentionnée ci-dessus ; il lui sera alloué, dans ce cas, le triple de cette rente à titre d'indemnité totale.

b) Pour les enfants, légitimes ou naturels, reconnus avant l'accident, orphelins de père ou de mère, âgés de moins de seize ans, une rente calculée sur le salaire annuel de la victime à raison de 15 p. 100 de ce salaire s'il n'y a qu'un enfant, de 25 p. 100 s'il y en a deux, de 35 p. 100 s'il y en a trois et de 40 p. 100 s'il y en a quatre ou un plus grand nombre.

Pour les enfants, orphelins de père et de mère, la rente est portée pour chacun d'eux à 20 p. 100 du salaire.

L'ensemble ce ces rentes ne peut, dans le premier cas, dépasser 40 p. 100 du salaire ni 60 p. 100 dans le second.

c) Si la victime n'a ni conjoint ni enfant dans les termes des paragraphes *a* et *b*, chacun des ascendants et descendants qui étaient à sa charge recevra une rente viagère pour les ascendants et payable jusqu'à seize ans pour les descendants. Cette rente sera égale à 10 p. 100 du salaire annuel de la victime, sans que le montant total des rentes ainsi allouées puisse dépasser 30 p. 100.

Chacune des rentes prévues par le paragraphe *c* est, le cas échéant, réduite proportionnellement.

Les rentes constituées en vertu de la présente loi sont payables à la résidence du titulaire, ou au chef-lieu de canton de cette résidence, et, si elles sont servies par la Caisse nationale des retraites, chez le proposé de cet établissement désigné par le titulaire.

Elles sont payables par trimestre et à terme échu ; toutefois, le tribunal peut ordonner le payement d'avance de la moitié du premier arrérage.

Ces rentes sont incessibles et insaisissables.

Les ouvriers étrangers, victimes d'accidents, qui cesseraient de résider sur le territoire français, recevront, pour toute indemnité, un capital égal à trois fois la rente qui leur avait été allouée.

Il en sera de même pour leurs ayants droit étrangers, cessant de résider sur le territoire français, sans que toutefois le capital puisse alors dépasser la valeur actuelle de la rente d'après le tarif visé à l'article 28.

Les représentants étrangers d'un ouvrier étranger ne recevront aucune indemnité si, au moment de l'accident, ils ne résidaient pas sur le territoire français.

Les dispositions des trois alinéas précédents pourront toutefois être modifiées par traités dans la limite des indemnités prévues au présent article, pour les étrangers dont les pays d'origine garantiraient à nos nationaux des avantages équivalents.

Art. 4. (*Texte de la loi du 31 mars 1905*). — Le chef d'entreprise supporte, en outre, les frais médicaux et pharmaceutiques et les frais funéraires. Ces derniers sont évalués à la somme de cent francs (100 francs) au maximum.

La victime peut toujours faire choix elle-même de son médecin et de son pharmacien. Dans ce cas, le chef d'entreprise ne peut être tenu des frais médicaux et pharmaceutiques que jusqu'à concurrence de la somme fixée par le juge de paix du canton où est survenu l'accident, conformément à un tarif qui sera établi par arrêté du Ministre du commerce, après avis d'une commission spéciale comprenant des représentants de syndicats professionnels ouvriers et patronaux, de sociétés d'assurances contre les accidents du travail et de syndicats de garantie, et qui ne pourra être modifié qu'à intervalles de deux ans.

Le chef d'entreprise est seul tenu dans tous les cas, en outre des obligations contenues en l'article 3, des frais d'hospitalisation qui, tout compris, ne pourront dépasser le tarif établi pour l'application de l'article 24 de la loi du 15 juillet 1893 majoré de 50 p. 100, ni excéder jamais 4 francs par jour pour Paris, ou 3 fr. 50 partout ailleurs.

Les médecins et pharmaciens ou les établissements hospitaliers peuvent actionner directement le chef d'entreprise.

Au cours du traitement, le chef d'entreprise pourra désigner au juge de paix un médecin chargé de le renseigner sur l'état de la victime. Cette désignation, dûment visée par le juge de paix, donnera audit médecin accès hebdomadaire auprès de la victime en présence du médecin traitant, prévenu deux jours à l'avance par lettre recommandée.

Faute par la victime de se prêter à cette visite, le payement de l'indemnité journalière sera suspendu par décision du juge de paix, qui convoquera la victime par simple lettre recommandée.

Si le médecin certifie que la victime est en état de reprendre son travail et que celle-ci le conteste, le chef d'entreprise peut, lorsqu'il s'agit d'une incapacité temporaire, requérir du juge de paix une expertise médicale qui devra avoir lieu dans les cinq jours.

Art. 5. (*Texte de la loi du 9 avril 1898*). — Les chefs d'entreprise peuvent se décharger pendant les trentes, soixante ou quatre-vingt-dix premiers jours à partir de l'accident de l'obligation de payer aux victimes les frais de maladie et l'indemnité temporaire, ou une partie seulement de cette indemnité, comme il est spécifié ci-après, s'ils justifient :

1° Qu'ils ont affilié leurs ouvriers à des sociétés de secours mutuels et pris à leur charge une quote-part de la cotisation qui aura été déterminée d'un commun accord, et en se conformant aux statuts-types approuvés par le ministre compétent, mais qui ne devra pas être inférieure au tiers de cette cotisation ;

2° Que ces sociétés assurent à leurs membres, en cas de blessures, pendant trente, soixante ou quatre-vingt-dix jours, les soins médicaux et pharmaceutiques et une indemnité journalière.

Si l'indemnité journalière servie par la société est inférieure à la moitié du salaire quotidien de la victime, le chef d'entreprise est tenu de lui verser la différence.

ART. 6. (*Texte de la loi du 9 avril 1898*). — Les exploitants de mines, minières et carrières peuvent se décharger des frais et indemnités mentionnés à l'article précédent moyennant une subvention annuelle versée aux caisses ou sociétés de secours constituées dans ces entreprises, en vertu de la loi du 29 juin 1894.

Le montant et les conditions de cette subvention devront être acceptés par la société et approuvés par le Ministre des Travaux publics.

Ces deux dispositions seront applicables à tous autres chefs d'industrie qui auront créé, en faveur de leurs ouvriers, des caisses particulières de secours, en conformité du titre III de la loi du 29 juin 1894. L'approbation prévue ci-dessus sera, en ce qui les concerne, donnée par le Ministre du Commerce et de l'Industrie.

ART. 7. (*Texte de la loi du 22 mars 1902*). — Indépendamment de l'action résultant de la présente loi, la victime ou ses représentants conservent contre les auteurs de l'accident, autres que le patron ou ses ouvriers et préposés, le droit de réclamer la réparation du préjudice causé, conformément aux règles du droit commun.

L'indemnité qui leur sera allouée exonérera à due concurrence le chef de l'entreprise des obligations mises à sa charge. Dans le cas où l'accident a entraîné une incapacité permanente ou la mort, cette indemnité devra être attribuée sous forme de rentes servies par la Caisse nationale des retraites.

En outre de cette allocation sous forme de rente, le tiers reconnu responsable pourra être condamné, soit envers la victime, soit envers le chef de l'entreprise, si celui-ci intervient dans l'instance, au payement des autres indemnités et frais prévus aux articles 3 et 4 ci-dessus.

Cette action contre les tiers responsables pourra même être

exercée par le chef d'entreprise, à ses risques et périls, aux lieu et place de la victime ou de ses ayants droit si ceux-ci négligent d'en faire usage.

Art. 8. (*Texte de la loi du 9 avril 1898*). — Le salaire qui servira de base à la fixation de l'indemnité allouée à l'ouvrier âgé de moins de seize ans ou à l'apprenti victime d'un accident ne sera pas inférieur au salaire le plus bas des ouvriers valides de la même catégorie occupés dans l'entreprise.

Toutefois, dans le cas d'incapacité temporaire, l'indemnité de l'ouvrier âgé de moins de seize ans ne pourra pas dépasser le montant de son salaire.

Art. 9. (*Texte de la loi du 9 avril 1898*). — Lors du règlement définitif de la rente viagère, après le délai de revision prévu à l'article 19, la victime peut demander que le quart au plus du capital nécessaire à l'établissement de cette rente, calculé d'après les tarifs dressés pour les victimes d'accidents par la Caisse des retraites pour la vieillesse, lui soit attribué en espèces.

Elle peut aussi demander que ce capital, ou ce capital réduit du quart au plus comme il vient d'être dit, serve à constituer sur sa tête une rente viagère réversible pour moitié au plus, sur la tête de son conjoint. Dans ce cas, la rente viagère sera diminuée de façon qu'il ne résulte de la réversibilité aucune augmentation de charges pour le chef d'entreprise.

Le tribunal, en chambre du conseil, statuera sur ces demandes.

Art. 10. (*Texte de la loi du 31 mars 1905*). — Le salaire servant de base à la fixation des rentes s'entend, pour l'ouvrier occupé dans l'entreprise pendant les douze mois avant l'accident, de la rémunération effective qui lui a été allouée pendant ce temps, soit en argent, soit en nature.

Pour les ouvriers occupés pendant moins de douze mois avant l'accident, il doit s'entendre de la rémunération effective qu'ils ont reçue depuis leur entrée dans l'entreprise, augmentée de la rémunération qu'ils auraient pu recevoir pendant la période de travail nécessaire pour compléter les douze mois, d'après la rénumération moyenne des ouvriers de la même catégorie pendant ladite période.

Si le travail n'est pas continu, le salaire annuel est calculé, tant d'après la rémunération reçue pendant la période d'activité que d'après le gain de l'ouvrier pendant le reste de l'année.

Si, pendant les périodes visées aux alinéas précédents, l'ou-

vrier a chômé exceptionnellement et pour des causes indé-
pendantes de sa volonté, il est fait état du salaire moyen qui
eût correspondu à ces chômages.

TITRE II

DÉCLARATION DES ACCIDENTS ET ENQUÊTES

ART. 11. (*Texte de la loi du 22 mars 1902*). — Tout accident
ayant occasionné une incapacité de travail doit être déclaré dans
les quarante-huit heures, non compris les dimanches et jours
fériés, par le chef d'entreprise ou ses préposés, au maire de la
commune qui en dresse procès-verbal et en délivre immédiatement un récépissé.

La déclaration et le procès-verbal doivent indiquer, dans la
forme réglée par décret, les nom, qualité et adresse du chef
d'entreprise, le lieu précis, l'heure et la nature de l'accident,
les circonstances, dans lesquelles il s'est produit, la nature des
blessures, les noms et adresses des témoins.

Dans les quatre jours qui suivent l'accident, si la victime n'a
pas repris son travail, le chef d'entreprise doit déposer à la
mairie, qui lui en délivre immédiatement récépissé, un certificat de médecin indiquant l'état de la victime, les suites pro-
bables de l'accident, et l'époque à laquelle il sera possible d'en
connaître le résultat définitif.

La déclaration d'accident pourra être faite dans les mêmes
conditions par la victime ou ses représentants jusqu'à l'expiration de l'année qui suit l'accident.

Avis de l'accident, dans les formes réglées par décret, est
donné immédiatement par le maire à l'inspecteur départemental
du travail ou à l'ingénieur ordinaire des mines chargé de la
surveillance de l'entreprise.

L'article 15 de la loi du 2 novembre 1892 et l'article 11 de la
loi du 12 juin 1893 cessent d'être applicables dans les cas visés
par la présente loi.

ART. 12. (*Texte de la loi du 22 mars 1902*). — Dans les
vingt-quatre heures qui suivent le dépôt du certificat, et au
plus tard dans les cinq jours qui suivent la déclaration de l'accident, le maire transmet au juge de paix du canton où l'acci-

dent s'est produit la déclaration et soit le certificat médical, soit l'attestation qu'il n'a pas été produit de certificat.

Lorsque, d'après le certificat médical, produit en exécution du paragraphe précédent ou transmis ultérieurement par la victime à la justice de paix, la blessure paraît devoir entraîner la mort ou une incapacité permanente, absolue ou partielle de travail, ou lorsque la victime est décédée, le juge de paix, dans les vingt-quatre heures, procède à une enquête à l'effet de rechercher :

1° La cause, la nature et les circonstances de l'accident ;

2° Les personnes victimes et le lieu où elles se trouvent, le lieu et la date de leur naissance ;

3° La nature des lésions ;

4° Les ayants droit pouvant, le cas échéant, prétendre à une indemnité, le lieu et la date de leur naissance ;

5° Le salaire quotidien et le salaire annuel des victimes ;

6° La société d'assurance à laquelle le chef d'entreprise était assuré ou le syndicat de garantie auquel il était affilié.

Les allocations tarifées par le juge de paix et son greffier, en exécution de l'article 29 de la présente loi et de l'article 31 de la loi de finances du 13 avril 1900, seront avancées par le Trésor.

Art. 13. (*Texte de la loi du 9 avril 1898*). — L'enquête a lieu contradictoirement dans les formes prescrites par les articles 35, 36, 37, 38 et 39 du Code de procédure civile, en présence des parties intéressées ou celles-ci convoquées d'urgence par lettre recommandée.

Le juge de paix doit se transporter auprès de la victime de l'accident qui se trouve dans l'impossibilité d'assister à l'enquête.

Lorsque le certificat médical ne lui paraîtra pas suffisant, le juge de paix pourra désigner un médecin pour examiner le blessé.

Il peut aussi commettre un expert pour l'assister dans l'enquête.

Il n'y a pas lieu, toutefois, à nomination d'expert dans les entreprises administrativement surveillées, ni dans celle de l'Etat placées sous le contrôle d'un service distinct du service de gestion, ni dans les établissements nationaux où s'effectuent des travaux que la sécurité publique oblige à tenir secrets. Dans ces divers cas, les fonctionnaires chargés de la surveillance ou du contrôle de ces établissements ou entreprises et, en ce qui concerne les exploitations minières, les délégués à la sécurité des ouvriers mineurs, transmettent au juge de paix, pour être joint au procès verbal d'enquête, un exemplaire de leur rapport.

Sauf les cas d'impossibilité matérielle, dûment constatés dans le procès-verbal, l'enquête doit être close dans le plus bref délai et, au plus tard, dans les dix jours à partir de l'accident. Le juge de paix avertit, par lettre recommandée, les parties de la clôture de l'enquête et du dépôt de la minute au greffe, où elles pourront, pendant un délai de cinq jours, en prendre connaissance et s'en faire délivrer une expédition, affranchie du timbre et de l'enregistrement. A l'expiration de ce délai de cinq jours, le dossier de l'enquête est transmis au président du tribunal civil de l'arrondissement.

Art. 14. (*Texte de la loi du 9 avril 1898*). — Sont punis d'une amende de un à quinze francs (1 à 15 francs) les chefs d'industrie ou leurs préposés qui ont contrevenu aux dispositions de l'article 11.

En cas de récidive dans l'année, l'amende peut être élevée de seize à trois cents francs (16 à 300 francs).

L'article 463 du Code pénal est applicable aux contraventions prévues par le présent article.

TITRE III

COMPÉTENCE. — JURIDICTIONS. — PROCÉDURE. — REVISION.

Art. 15. (*Texte de la loi du 31 mars 1905*). — Sont jugées en dernier ressort par le juge de paix du canton où l'accident s'est produit, à quelque chiffre que la demande puisse s'élever, et dans les quinze jours de la demande, les contestations relatives tant aux frais funéraires qu'aux indemnités temporaires.

Les indemnités temporaires sont dues jusqu'au jour du décès ou jusqu'à la consolidation de la blessure, c'est-à-dire jusqu'au jour où la victime se trouve, soit complètement guérie, soit définitivement atteinte d'une incapacité permanente ; elles continuent, dans ce dernier cas, à être servies jusqu'à la décision définitive prévue à l'article suivant, sous réserve des dispositions du quatrième alinéa dudit article.

Si l'une des parties soutient, avec un certificat médical à l'appui, que l'incapacité est permanente, le juge de paix doit se déclarer incompétent par une décision dont il transmet, dans les trois jours, expédition au président du tribunal civil. Il fixe en même temps, s'il ne l'a fait antérieurement, l'indemnité journalière.

Le juge de paix connaît des demandes relatives au payement des frais médicaux et pharmaceutiques jusqu'à (trois cent francs) en dernier ressort et à quelque chiffre que ces demandes s'élèvent, à charge d'appel dans la quinzaine de la décision.

Les décisions du juge de paix relatives à l'indemnité journalière sont exécutoires nonobstant opposition. Ces décisions sont susceptibles de recours en cassation pour violation de la loi.

Lorsque l'accident s'est produit en territoire étranger, le juge de paix compétent, dans les termes de l'article 12 et du présent article, est celui du canton où est situé l'établissement ou le dépôt auquel est attachée la victime.

Lorsque l'accident s'est produit en territoire français, hors du canton où est situé l'établissement ou le dépôt auquel est attachée la victime, le juge de paix de ce dernier canton devient exceptionnellement compétent, à la requête de la victime ou de ses ayants droits adressée, sous forme de lettre recommandée, au juge de paix du canton-où l'accident s'est produit, avant qu'il n'ait été saisi dans les termes du présent article ou bien qu'il n'ait clos l'enquête prévue à l'article 13, un récépissé est immédiatement envoyé au requérant par le greffe, qui avise, en même temps que le chef d'entreprise, le juge de paix devenu compétent, et, s'il y a lieu, transmet à ce dernier le dossier de l'enquête, de sa clôture, en avertissant les parties, conformément à l'article 13.

Si, après transmission du dossier de l'enquête au président du tribunal du lieu de l'accident et avant convocation des parties, la victime ou ses ayants droit justifient qu'ils n'ont pu, avant la clôture de l'enquête, user de la faculté prévue à l'alinéa précédent, le président peut, les parties entendues, se déssaisir du dossier et le transmettre au président du tribunal de l'arrondissement ou le dépôt auquel est attachée la victime.

ART. 16. (*Texte de la loi du 31 mars 1905*). — En ce qui touche les autres indemnités prévues par la présente loi, le président du tribunal de l'arrondissement, dans les cinq jours de la transmission du dossier, si la victime est décédée avant la clôture de l'enquête ou dans le cas contraire, dans les cinq jours de la production par la partie la plus diligente, soit de l'acte de décès, soit d'un accord écrit des parties reconnaissant le caractère permanent de l'incapacité, ou bien de la réception de la décision du juge de paix visée au troisième alinéa de l'article précédent, ou enfin, s'il n'a été saisi d'aucune de ces pièces, dans les cinq jours précédant l'expiration du délai de prescription prévu à l'article 18, lorsque la date de cette expiration lui est connue, convoque la victime ou ses ayants droit, le chef d'entreprise, qui peut se faire représenter et, s'il y a assurance, l'assureur. Il peut, du consentement des parties, commettre un expert, dont le rapport doit être déposé dans le délai de huitaine.

En cas d'accord entre les parties, conforme aux prescriptions de la présente loi, l'indemnité est définitivement fixée par l'ordonnance du président qui en donne acte en indiquant, sous peine de nullité, le salaire de base et la réduction que l'accident aura fait subir au salaire.

En cas de désaccord, les parties sont renvoyées à se pourvoir devant le tribunal, qui est saisi par la partie la plus diligente et statue comme en matière sommaire, conformément au titre XXIV du livre II du Code de procédure civile. Son jugement est exécutoire par provision.

En ce cas, le président, par son ordonnance de renvoi et sans appel, peut substituer à l'indemnité journalière une provision inférieure au demi-salaire ou, dans la même limite, allouer une provision aux ayants droit. Ces provisions peuvent être allouées ou modifiées en cours d'instance par voie de référé, sans appel. Elles sont incessibles et insaisissables et payables dans les mêmes conditions que l'indemnité journalière.

Les arrérages des rentes courent à partir du jour du décès ou de la consolidation de la blessure, sans se cumuler avec l'indemnité journalière de la provision.

Dans les cas où le montant de l'indemnité ou de la provision excède les arrérages dus jusqu'à la date de la fixation de la rente, le tribunal peut ordonner que le surplus sera précompté sur les arrérages ultérieurs dans la proportion qu'il détermine.

S'il y a assurance, l'ordonnance du président ou le jugement fixant la rente allouée spécifie que l'assureur est substitué au chef d'entreprise dans les termes du titre IV, de façon à suppri-

2

mer tout recours de la victime contre ledit chef d'entreprise.

Art. 17. (*Texte de la loi du 22 mars 1902*). — Les jugements rendus en vertu de la présente loi sont susceptibles d'appel, selon les règles du droit commun. Toutefois l'appel, sous réserves des dispositions de l'article 449 du Code de procédure civile, devra être interjeté dans les trente jours de la date du jugement s'il est contradictoire, et, s'il est par défaut, dans la quinzaine à partir du jour où l'opposition ne sera plus recevable.

L'opposition ne sera plus recevable en cas de jugement par défaut contre partie, lorsque le jugement aura été signifié à personne, passé le délai de quinze jours à partir de cette signification.

La Cour statuera d'urgence dans le mois de l'acte d'appel. Les parties pourront se pourvoir en cassation.

Toutes les fois qu'une expertise médicale sera ordonnée, soit par le juge de paix, soit par le tribunal ou par la Cour d'appel, l'expert ne pourra être le médecin qui a soigné le blessé, ni le médecin attaché à l'entreprise ou à la société d'assurance à laquelle le chef d'entreprise est affilié.

Art. 18. (*Texte de la loi du 22 mars 1902*). — L'action en indemnité prévue par la présente loi se prescrit par un an à dater du jour de l'accident, ou de la clôture de l'enquête du juge de paix, ou de la cessation du payement de l'indemnité temporaire.

L'article 55 de la loi du 10 août 1871 et l'article 124 de la loi du 5 avril 1884 ne sont pas applicables aux instances suivies contre les départements ou les communes, en exécution de la présente loi.

Art. 19. (*Texte de la loi du 31 mars1 905*). — La demande en revision de l'indemnité fondée sur une aggravation ou une atténuation de l'infirmité de la victime, ou son décès par suite des conséquences de l'accident, est ouverte pendant trois ans à compter, soit de la date à laquelle cesse d'être due l'indemnité journalière, s'il n'y a point eu attribution de rente, soit de l'accord intervenu entre les parties ou de la décision judiciaire passée en force de chose jugée, même si la pension a été remplacée par un capital en conformité de l'article 21.

Dans tous les cas, sont applicables à la revision les conditions de compétence et de procédure fixées par les articles 16, 17 et

22. Le président du tribunal est saisi par voie de simple déclaration au greffe.

S'il y a accord entre les parties, conforme aux prescriptions de la présente loi, le chiffre de la rente revisée est fixé par ordonnance du président, qui donne acte de cet accord en spécifiant, sous peine de nullité, l'aggravation ou l'atténuation de l'infirmité.

En cas de désaccord, l'affaire est renvoyée devant le tribunal, qui est saisi par la partie la plus diligente et qui statue comme en matière sommaire et ainsi qu'il est dit à l'article 16.

Au cours des trois années pendant lesquelles peut s'exercer l'action en revision, le chef d'entreprise pourra désigner au président du tribunal un médecin chargé de le renseigner sur l'état de la victime.

Cette désignation, dûment visée par le président, donnera audit médecin accès trimestriel auprès de la victime. Faute par la victime de se prêter à cette visite, tout payement d'arrérages sera suspendu par décision du président, qui convoquera la victime par simple lettre recommandée.

Les demandes prévues à l'article 9 doivent être portées devant le tribunal au plus tard dans le mois qui suit l'expiration du délai imparti pour l'action en revision.

Art. 20. (*Texte de la loi du 22 mars 1902*). — Aucune des indemnités déterminées par la présente loi ne peut être attribuée à la victime qui a intentionnellement provoqué l'accident.

Le tribunal a le droit, s'il est prouvé que l'accident est dû à une faute inexcusable de l'ouvrier, de diminuer la pension fixée au titre Ier.

Lorsqu'il est prouvé que l'accident est dû à la faute inexcusable du patron ou de ceux qu'il s'est substitués dans la direction, l'indemnité pourra être majorée, mais sans que la rente ou le total des rentes allouées puisse dépasser, soit la réduction, soit le montant du salaire annuel.

En cas de poursuites criminelles, les pièces de procédure seront communiquées à la victime ou à ses ayants droit.

Le même droit appartiendra au patron ou à ses ayants droit.

Art. 21. (*Texte de la loi du 31 mars 1905*). — Les parties peuvent toujours, après détermination du chiffre de l'indemnité due à la victime de l'accident, décider que le service de la pension sera suspendu et remplacé, tant que l'accord subsistera, par tout autre mode de réparation.

En dehors des cas prévus à l'article 3, la pension ne pourra être remplacée par le payement d'un capital que si elle n'est pas supérieure à cent francs (100 francs) et si le titulaire est majeur. Ce rachat ne pourra être effectué que d'après le tarif spécifié à l'article 28.

Art. 22. (*Texte de la loi du 22 mars 1902*). — Le bénéfice de l'Assistance judiciaire est accordé de plein droit, sur le visa du procureur de la République, à la victime de l'accident ou à ses ayants droit devant le président du tribunal civil et de vant le tribunal.

Le procureur de la République procède comme il est prescrit à l'article 13 (§§ 2 et suiv.) de la loi du 22 janvier 1851, modifiée par la loi du 10 juillet 1901.

Le bénéfice de l'assistance judiciaire s'applique de plein droit à l'acte d'appel. Le premier président de la Cour, sur la demande qui lui sera adressée à cet effet, désignera l'avoué près la Cour dont la constitution figurera dans l'acte d'appel, et commettra un huissier pour le signifier.

Si la victime de l'accident se pourvoit devant le bureau d'assistance judiciaire pour en obtenir le bénéfice en vue de toute la prodédure d'appel, elle sera dispensée de fournir les pièces justificatives de son indigence.

Le bénéfice de l'assistance judiciaire s'étend de plein droit aux instances devant le juge de paix, à tous les actes d'exécution mobilière et immobilière et à toute contestation incidente à l'exécution des décisions judiciaires.

L'assisté devra faire déterminer par le bureau d'assistance judiciaire de son domicile la nature des actes et procédure d'exécution auxquels l'assistance s'appliquera.

TITRE IV

GARANTIES.

Art. 23. (*Texte de la loi du 9 avril 1898*). — La créance de la victime de l'accident ou de ses ayants droit relative aux frais médicaux, pharmaceutiques et funéraires ainsi qu'aux indemnités allouées à la suite de l'incapacité temporaire de travail, est garantie par le privilège de l'article 2101 du Code civil et y sera inscrite sous le numéro 6.

Le payement des indemnités pour incapacité permanente de travail ou accidents suivis de mort est garanti conformément aux dispositions des articles suivants.

ART. 24. *(Texte de la loi du 9 avril 1898)*. — A défaut, soit par les chefs d'entreprise débiteurs, soit par les sociétés d'assurances à primes fixes ou mutuelles, ou les syndicats de garantie liant solidairement tous leurs adhérents, de s'acquitter, au moment de leur exigibilité, des indemnités mises à leur charge à la suite d'accidents ayant entraîné la mort ou une incapacité permanente de travail, le payement en sera assuré aux intéressés par les soins de la Caisse nationale des retraites pour la vieillesse, au moyen d'un fonds spécial de garantie constitué comme il va être dit et dont la gestion sera confiée à ladite Caisse.

ART. 25. *(Texte de la loi du 9 avril 1898)*. — Pour la constitution du fonds spécial de garantie, il sera ajouté au principal de la contribution des patentes des industriels visés par l'article 1er, quatre centimes (4 centimes) additionels. Il sera perçu sur les mines une taxe de cinq centimes (5 centimes) par hectare concédé.

Ces taxes pourront, suivant les besoins, être majorées ou réduites par la loi de finances.

ART. 26. *(Texte de la loi du 9 avril 1898)*. — La Caisse nationale des retraites exercera un recours contre les chefs d'entreprise débiteurs, pour le compte desquels des sommes auront été payées par elle conformément aux dispositions qui précèdent.

En cas d'assurance du chef d'entreprise, elle jouira pour le remboursement de ses avances, du privilège de l'article 2102 du Code civil sur l'indemnité due par l'assureur et n'aura plus de recours contre le chef d'entreprise.

Un règlement d'administration publique déterminera les conditions d'organisation et de fonctionnement du service conféré par les dispositions précédentes à la Caisse nationale des retraites et, notamment, les formes du recours à exercer contre les chefs d'entreprise débiteurs ou les sociétés d'assurances et les syndicats de garantie, ainsi que les conditions dans lesquelles les victimes d'accidents ou leurs ayants droit seront admis à réclamer à la Caisse le payement de leurs indemnités.

Les décisions judiciaires n'emporteront hypothèque que si elles sont rendues au profit de la Caisse des retraites exerçant son recours contre les chefs d'entreprise ou les Compagnies d'assurances.

Art. 27. (*Texte de la loi du 31 mars 1905*). — Les compagnies d'assurances mutuelles ou à primes fixes contre les accidents, françaises ou étrangères, sont soumises à la surveillance et au contrôle de l'État et astreintes à constituer des réserves ou cautionnements dans les conditions déterminées par un règlement d'administration publique.

Le montant des réserves mathémathiques et des cautionnements sera affecté par privilège au payement des pensions et indemnités.

Les syndicats de garantie seront soumis à la même surveillance et un règlement d'administration publique déterminera les conditions de leur création et de leur fonctionnement.

A toute époque, un arrêté du Ministre du Commerce peut mettre fin aux opérations de l'assureur qui ne remplit pas les conditions prévues par la présente loi ou dont la situation financière ne donne pas des garanties suffisantes pour lui permettre de remplir ses engagements. Cet arrêté est pris après avis conforme du Comité consultatif des assurances contre les accidents du travail, l'assureur ayant été mis en demeure de fournir ses observations par écrit dans un délai de quinzaine. Le comité doit émettre son avis dans la quinzaine suivante.

Le dixième jour, à midi, à compter de la publication de l'arrêté au *Journal officiel*, tous les contrats contre les risques régis par la présente loi cessent de plein droit d'avoir effet, les primes restant à payer ou les primes payées d'avance n'étant acquises à l'assureur qu'en proportion de la période d'assurance réalisée, sauf stipulation contraire dans les polices.

Le Comité consultatif des assurances contre les accidents du travail est composé de vingt-quatre membres, savoir : deux Sénateurs et trois Députés élus par leurs collègues ; le Directeur de l'Assurance et de la Prévoyance sociales ; le Directeur du Travail : le Directeur général de la Caisse des dépôts et consignations ; trois membres agrégés de l'Institut des actuaires français ; le Président du Tribunal de commerce de la Seine ou un président de section délégué par lui ; le Président de la Chambre de Commerce de Paris ou un membre délégué par lui ; deux ouvriers membres du conseil supérieur du Travail ; un professeur de la Faculté de droit de Paris ; deux directeurs ou administrateurs de Sociétés mutuelles d'assurances contre les accidents du travail ou de syndicats de garantie : deux directeurs ou administrateurs de Sociétés anonymes ou en commandite d'assurance contre les accidents du travail ; quatre personnes spécialement compétentes en matière d'assurances contre les accidents du travail. Un décret détermine le mode de nomination et de renouvellement des membres ainsi que la désignation du président, du vice-président et du secrétaire.

Les frais de toute nature résultant de la surveillance et du contrôle seront couverts au moyen de contributions proportionnelles au montant des réserves ou cautionnements et fixés annuellement pour chaque compagnie ou association par arrêté du Ministre du Commerce.

Art. 28. (*Texte de la loi du 9 avril 1898*). — Le versement du capital représentatif des pensions allouées en vertu de la présente loi ne peut être exigé des débiteurs.

Toutefois, les débiteurs qui désireront se libérer en une fois pourront verser le capital représentatif de ces pensions à la Caisse nationale des retraites, qui établira à cet effet, dans les six mois de la promulgation de la présente loi, un tarif tenant compte de la mortalité des victimes d'accidents et de leurs ayants droit.

Lorsqu'un chef d'entreprise cesse son industrie, soit volontairement, soit par décès, liquidation judiciaire ou faillite, soit par cession d'établissement, le capital représentatif des pensions à sa charge devient exigible de plein droit et sera versé à la Caisse nationale des retraites. Ce capital sera déterminé au jour de son exigibilité, d'après le tarif visé au paragraphe précédent

Toutefois, le chef d'entreprise ou ses ayants droit peuvent être exonérés du versement de ce capital, s'ils fournissent des garanties qui seront à déterminer par un règlement d'administration publique.

TITRE V

Art. 29. (*Texte de la loi du 9 avril 1898.* — Les procès verbaux, certificats, actes de notoriété, significations, jugements et autres actes faits ou rendus en vertu et pour l'exécution de la présente loi, sont délivrés gratuitement, visés pour timbre et enregistrés gratis lorsqu'il y a lieu à la formalité de l'enregistrement.

Dans les six mois de la promulgation de la présente loi, un décret déterminera les émoluments des greffiers de justice de paix pour leur assistance et la rédaction des actes de notoriété, procès-verbaux, certificats, significations, jugement, envois de lettres recommandées, extraits, dépôt de la minute d'enquête au greffe, et pour tous les actes nécessités par l'application de la présente loi, ainsi que les frais de transport auprès des victimes et d'enquête sur place.

Art. 30. (*Texte de la loi du 31 mars 1905*). — Toute convention contraire à la présente loi est nulle de plein droit. Cette nullité, comme la nullité prévue au deuxième alinéa de l'article 16 et au troisième alinéa de l'article 19, peut être poursuivie par tout intéressé devant le tribunal visé auxdits articles.

Toutefois, dans ce cas, l'assistance judiciaire n'est accordée que dans les conditions du droit commun.

La décision qui prononce la nullité fait courir à nouveau, du jour où elle devient définitive, les délais impartis soit pour la prescription, soit pour la revision.

Sont nulles de plein droit et de nul effet les obligations contractées, pour rémunération de leurs services, envers les intermédiaires qui se chargent, moyennant émoluments convenus à l'avance, d'assurer aux victimes d'accidents ou à leurs ayants droit le bénéfice des instances ou des accords prévus aux articles 15, 16, 17 et 19.

Est passible d'une amende de seize à trois cents francs (16 à 300 francs) et, en cas de récidive dans l'année de la condamnation, d'une amende de cinq cents à deux mille francs (500 à 2.000 francs), sous réserve de l'application de l'article 463 du Code pénal : 1° tout intermédiaire convaincu d'avoir offert les services spécifiés à l'alinéa précédent ; 2° tout chef d'entreprise ayant opéré, sur le salaire de ses ouvriers ou employés, des retenues pour l'assurance des risques mis à sa charge par la présente loi ; 3° toute personne qui, soit par une menace de renvoi, soit par refus ou menace de refus des indemnités dues en vertu de la présente loi, aura porté atteinte ou tenté de porter atteinte au droit de la victime de choisir son médecin ; 4° tout médecin ayant, dans des certificats délivrés pour l'application de la présente loi, sciemment dénaturé les conséquences des accidents.

Art. 31. (*Texte de la loi du 9 avril 1898*). — Les chefs d'entreprise sont tenus, sous peine d'une amende de un à quinze francs (1 à 15 francs), de faire afficher dans chaque atelier la présente loi et les règlements d'administration relatifs à son exécution.

En cas de récidive dans la même année, l'amende sera de seize à cent francs (16 à 100 francs).

Les infractions aux dispositions des articles 11 et 31 pourront être constatées par les inspecteurs du travail.

Art. 32. (*Texte de la loi du 9 avril 1898*). — Il n'est point dérogé aux lois, ordonnances et règle ments concernant les pensions des ouvriers, apprentis et journaliers appartenant aux ateliers de la marine et celles des ouvriers immatriculés des manufactures d'armes dépendant du ministère de la guerre.

Art. 33. (*Texte de la loi du 9 avril 1898*). — La présente loi ne sera applicable que trois mois après la publication officielle des décrets d'administration publique qui doivent en régler l'exécution.

Art. 34. (*Texte de la loi du 9 avril 1898*). — Un règlement d'administration publique déterminera les conditions dans lesquelles la présente loi pourra être appliquée à l'Algérie et aux colonies.

Paris, le 3 mai 1905.

La première mise en œuvre de la loi du 9 avril 1898 sur les accidents du travail révéla, en même temps que les heureux résultats de la législation nouvelle, d'inévitables imperfections de détail, quelques insuffisances, quelques lacunes, quelques obscurités de rédaction et motiva, à ces points de vue divers, dès 1899, une série de propositions parlementaires extensives ou modificatives du texte en vigueur.

La commission d'assurance et de prévoyance sociales de la Chambre des députés écarta celles dont l'objet direct était de relever les tarifs d'indemnités ou d'étendre le bénéfice de la loi à des catégories nouvelles de travailleurs, pour retenir seulement les dispositions qui avaient pour but d'éclaircir le texte ou d'en mieux aménager l'économie. C'est ainsi qu'elle présenta à la Chambre une proposition d'ensemble adaptant de plus près le principe du risque professionnel aux nécessités révélées par la pratique et que fut voté, après longue discussion, le 3 juin 1901, un projet portant modification aux articles 2, 3, 4, 7, 10, 11, 12, 15, 16, 17, 18, 19, 20, 21, 22, 26, 27 et 30 de la loi du 9 avril 1898.

Le Sénat, saisi de ce projet, n'examina immédiatement parmi les modifications proposées que celles qui lui parurent présenter le triple caractère d'être particulièrement urgentes, de ne toucher en aucun point au régime même des indemnités et de ne soulever de la part des patrons, des ouvriers et des assureurs, aucune contestation. C'est dans ces conditions que fut adoptée la loi du 22 mars 1902, modificative des articles 2, 7, 11, 12, 17, 18, 20 et 22 de la loi du 9 avril 1898 et commentée, en ce qui concerne les articles 11 et 12, dans la circulaire de mon département en date du 23 mars 1902.

Il peut n'être pas utile de rappeler que les dispositions essentielles de cette loi, principalement consacrée à la procédure et à la compétence, eurent pour but d'assurer par la modification du régime des déclarations et la substitution de l'initiative du juge de paix à celles du médecin et du maire, une plus sûre mise en marche de la procédure d'office (art. 11 et 12,) — de porter de quinze à trente jours le délai d'appel (art. 17) — de proroger jusqu'à la clôture de l'enquête du juge de paix ou jusqu'à la cessation du payement de l'indemnité temporaire le point de départ de la prescription de l'action en indemnité primitivement fixé par l'article 18 au jour de l'accident, d'étendre le bénéfice de l'assistance judiciaire à l'accord devant le président du tribunal et à l'acte d'appel, de telle sorte que la victime ou ses ayants droit, sans être encouragés à suivre témérairement la procédure, ne pouvaient plus se voir privés du droit d'appel, faute de ressources et obtenaient en toute hypothèse, la garantie de l'examen de leurs moyens d'appel par le bureau d'assistance judiciaire (art. 22).

Au contraire, les modifications aux articles 3, 4, 10, 15, 16, 19, 21, 27 et 30 furent réservées par le Sénat et firent l'objet d'une étude prolongée, de discussions successives, d'amendements nombreux, à la suite desquels un accord définitif entre les Chambres n'a pu que tout récemment s'établir.

La loi du 31 mars 1905, à laquelle cet accord vient d'aboutir, contient des interprétations décisives au regard de certaines dispositions de la législation de 1898, qui avaient prêté à des hésitations ou à des solutions contestables de la jurisprudence, en même temps qu'elle introduit dans cette législation des précisions ou des compléments importants.

Art. 3. — En inscrivant au texte que l'indemnité pour incapacité temporaire sera due sans distinction entre les jours ouvrables et les dimanches et jours fériés, le législateur de 1905 n'a fait que consacrer une interprétation que mon département avait, dès l'origine, indiquée comme certaine et que la Cour de cassation avait admise dès 1901.

Une deuxième modification apportée par la loi nouvelle au texte de l'article 3 précise ce qu'il faut entendre par le salaire touché au moment de l'accident, sur lequel doit être calculée l'indemnité journalière. Une application littérale du texte conduisait à faire état, en toute hypothèse, pour la fixation de l'indemnité, du salaire touché la veille ou le jour de l'accident, même lorsqu'il s'agissait d'un salaire tout exceptionnel ne correspondant aucunement au salaire actuel courant de la victime, ce qui pouvait, suivant les cas, se rencontrer également dommageable aux ouvriers ou aux chefs d'entreprise. Le nouvel article 3, adoptant sur ce point une solution plus large, dispose qu'en cas de salaire variable, l'indemnité journalière sera égale à la moitié du salaire moyen des journées de travail pendant le mois qui a précédé l'accident. Il convient d'ailleurs de ne point perdre de vue que ce texte, en calculant l'indemnité sur le salaire moyen des journées de travail, a pris soin d'écarter tout procédé de calcul qui aurait directement ou indirectement pour effet de mettre en ligne de compte, au cas de travail intermittent, les journées de chômage dans le grain total du mois.

De portée plus considérable que les deux précédentes, apparaît la disposition nouvelle relative au point de départ du payement de l'indemnité journalière.

Tandis que, d'après le texte ancien de l'article 3, il fallait, pour que l'indemnité fût due, que l'incapacité de traivail se fût prolongée durant plus de quatre jours, l'indemnité n'étant payée qu'à partir du cinquième jour après celui de l'accident, le législateur de 1905 ne maintient plus ce régime que pour les incapacités de moins de dix jours et fait, au contraire, courir l'indemnité du lendemain, même de l'accident pour toutes les incapacités qui excèdent cette durée. Sans aller jusqu'à la suppression du délai de carence pour toutes les incapacités de plus de quatre jours, qu'avait votée en 1901, la Chambre des députés, le Sénat a estimé que lorsqu'un accident occasionne une incapacité de plus de dix jours, il est par lui-même assez grave et la gêne qu'il peut entraîner assez pénible pour qu'il donne lieu à indemnité dès l'origine, et pour que la crainte d'abus possible ne prive pas d'une équitable réparation les ouvriers qui ne pourraient vraiment reprendre leur travail avant l'expiration du dixième jour après l'accident.

Pour n'avoir pas la même importance, une quatrième retouche apportée par la loi du 31 mars 1905 au régime de l'indemnité journalière présente un assez grand intérêt pratique. Elle spécifie que l'indemnité de demi-salaire est payable aux époques et au lieu de paye usités dans l'entreprise, sans que l'intervalle entre deux payements puisse excéder seize jours. Sur ces différents points, la loi du 9 avril 1898 était restée muette. Le nouveau texte prévient le retour des difficultés qui s'étaient produites à cet égard et applique en principe à la prestation de l'indemnité journalière due à la suite d'accident le régime même du payement du salaire, en anticipant à cet égard sur des dispositions législatives encore en discussion.

Des précisions analogues sont introduites, quant au payement des rentes dues en vertu de l'article 3 de la loi du 9 avril 1898 pour les cas d'incapacité permanente absolue ou partielle et pour les cas de mort.

Le nouveau texte dispose :

1° Que les rentes sont payables à la résidence du titulaire ou au chef-lieu de canton de cette résidence et si elles sont servies par la Caisse nationale des retraites chez le préposé de cet établissement désigné par le titulaire ;

2° Qu'elles sont payables par trimestre et à terme échu, mais que toutefois le tribunal peut ordonner le payement d'avance de la moitié du premier arrérage.

Ces modifications ont pour but : la première, d'écarter, dans le silence ordinaire de la décision qui liquide l'indemnité, et, au cas de mauvais vouloir de la part du débirentier, l'application du second alinéa de l'article 1247 du ¡Code ¡civil, en vertu duquel le payement ne serait théoriquement exigible qu'au domicile du débiteur. On devine aisément à quels inconvénients le payement localisé par l'assureur à son assurance régionale, sans parler même des payements centralisés au siège de la société, pouvait exposer l'ouvrier créancier. Désormais, la victime ou ses ayants droit sont assurés de toucher les arrérages de leur rente, sinon à domicile, tout au moins dans le périmètre restreint du canton de leur résidence.

D'autre part, sans faire échec au principe du payement des arrérages à terme échu, consacré en matière de rentes viagères, le législateur de 1905 a su pallier aux conséquences les plus rigoureuses de cette solution, en autorisant les tribunaux à ordonner le payement d'avance de la moitié du premier arrérage. L'application de ce tempérament peut fournir un secours indispensable à l'ouvrier grièvement atteint ou, s'il est décédé, à sa famille pressée par le dénuement.

Une dernière série d'adjonctions à l'article 3 vise le régime applicable aux ouvriers étrangers.

Le législateur de 1898 s'était, en ce qui les concerne, montré quelque peu laconique. En se bornant à disposer, d'une part, que les ouvriers étrangers victimes d'accidents qui cesseraient de résider sur le territoire français recevaient pour toute indemnité un capital égal a trois annuités de la rente qui leur avait été allouée et, d'autre part, que leurs représentants ne recevraient aucune indemnité, si au moment de l'accident ils ne résidaient pas sur le territoire français, l'ancien article 3 n'avait point envisagé l'hypothèse d'ayants droit étrangers résidant en France lors du décès de leur auteur, mais venant ultérieurement à quitter le territoire. A s'en tenir sur ce point à l'interprétation littérale, on était conduit à appliquer un traitement de faveur, entièrement injustifié à une catégorie spéciale d'ayants droit d'un ouvrier étranger.

Le texte modifié met fin à cette anomalie, en précisant que le régime applicable aux ouvriers étrangers victimes d'accidents le sera également à leurs ayants droit en cas de cessation de résidence sur le territoire français.

Il lève une autre difficulté, en faisant suivre du mot « étrangers » les termes « ayants droit » ou « représentants » d'un ouvrier étranger, inscrits à l'article 3, et en sauvegardant ainsi explicitement les droits des représentants français des ouvriers étrangers.

Enfin, il prend soin de déjouer dans une hypothèse particulière, celle des ayants droit étrangers bénéficiaires d'une rente temporaire, le calcul possible des crédirentiers qui, en quittant le sol français à la veille du payement du dernier arrérage de leur pension, pourraient prétendre encore à une indemnité en capital égale au triple de leur rente et bénéficier ainsi d'une prestation supérieure à celle des ayants droit français similaires. Il n'y aura plus place pour semblable calcul, puisque désormais le capital dû en pareil cas, lors de leur départ, aux ayants droit étrangers ne pourra jamais dépasser la valeur actuelle de la rente d'après le tarif visé à l'article 28 de la loi.

En un sens différent, et au bénéfice éventuel des ouvriers étrangers victimes d'accidents de travail en France, une dispotion nouvelle, dans laquelle le Parlement confirme les intentions manifestées par le Gouvernement dans le récent accord franco-italien, prévoit que les dispositions de la loi fixant les indemnités dues aux ouvriers étrangers pourront être modifiées par traités, dans la limite des indemnités dues aux ouvriers français, en faveur de ceux d'entre eux dont les pays d'ori-

gine garantiraient à nos nationaux des avantages équivalents.

Cette disposition s'inspire de sentiments d'humanité et
de désirs de relations internationales de plus en plus étroites
et cordiales dans le domaine de la prévoyance sociale, auxquels se montre justement favorable l'opinion publique.
Elle permet au gouvernement, seul juge des initiatives à
prendre et de la réserve à garder, de consentir, dans la mesure
qui lui paraîtra compatible avec les légitimes préoccupations
de nos entreprises et la disproportion des effectifs ouvriers en
cause, un régime progressif de réparation réciproque au profit
des pays qui ne se montreraient pas moins empressés que le
nôtre à développer et à appliquer leurs législations protec-
trices du travail et des travailleurs, en écartant à cet égard des
disparités de concurrence commerciale dont leurs ouvriers et
nos industriels feraient également les frais.

Art. 4. — Les précisions et les innovations apportées au
texte de l'article 4 de la loi du 9 avril 1898 ont trait au choix du
médecin et du pharmacien, au remboursement des frais médicaux et pharmaceutiques, au payement des frais d'hospitalisation, aux garanties réservées aux chefs d'entreprise pour faire
constater, le cas échéant, la réalité des incapacités temporaires
alléguées.

Pour ce qui est du choix du médecin, le législateur de 1905
ne fait qu'énoncer en termes plus formels la solution résultant
de l'interprétation, d'ailleurs indiscutée, du second alinéa de
l'ancien article 4. Il proclame que la victime peut toujours faire
choix elle-même de son médecin et de son pharmacien, et il
continue à limiter en pareil cas les remboursements dus par
le chef d'entreprise aux sommes fixées par le juge de paix en
application d'un tarif préétabli.

Mais, en ce qui concerne ce tarif, il s'écarte pour l'avenir du
système adopté par la loi de 1898 et substitue aux tarifs en
usage dans chaque département pour l'assistance médicale gratuite un tarif uniforme nouveau, qui devra être établi par arrêté
du ministre du commerce, après avis d'une commission spéciale comprenant des représentants des différents intéressés
(médecins, pharmaciens, ouvriers, patrons, assureurs) et qui
ne pourra être ensuite modifié qu'à intervalles de deux années.
Cette innovation a motivé au Parlement de très vives discus-

sions. Le texte voté par la Chambre en 1901, sans avoir alors, semble-t-il, d'autre objet que de faciliter l'application de la loi dans les départements où n'existaient point encore de tarifs complets d'assistance médicale gratuite, avait disposé que les frais médicaux et pharmaceutiques seraient remboursés, à défaut de tarifs établis, conformément aux usages locaux. La Chambre semblait du reste se référer ainsi pour ce cas aux tarifs ouvriers les plus bas, sans vouloir aboutir à majorer en fait la dette du chef d'entreprise. Au contraire, les amendements présentés au Sénat, en demandant la substitution générale aux tarifs de l'assistance médicale gratuite de tarifs ouvriers établis ou inspirés par des syndicats médicaux, entendaient apporter au profit des médecins une modification essentielle au système primitif de la loi du 9 avril 1898. Le Sénat, en écartant finalement l'application des tarifs d'assistance médicale gratuite, n'a pas voulu laisser les chefs d'entreprise et leurs assureurs exposés aux incertitudes de tarifs indéterminés et de majorations sans limites ; il a prévu l'élaboration d'un tarif officiel par arrêté ministériel, après avis de la commission spéciale précédemment indiquée. Ce tarif devra être établi dans un délai de six mois à dater de la promulgation de la loi nouvelle et publié au *Journal officiel.* Il sera appliqué un mois après cette publication et c'est seulement jusqu'à cette époque que les tarifs d'assistance médicale gratuite resteront transitoirement applicables. Il est d'ailleurs à présumer que le tarif nouveau, élaboré en commun par les représentants autorisés de toutes les parties intéressées, pourra mettre fin aux regrettables conflits qui se sont produits en ménageant, dans l'intérêt supérieur de la bonne application de la loi et dans le respect de son esprit, des transactions qui n'imposent ni à l'industrie, ni au corps médical des sacrifices inacceptables.

Le troisième alinéa (nouveau) de l'article 4 a trait aux frais d'hospitalisation, qu'avait omis de régler spécialement le législateur de 1898. Il résout, en ce qui les concerne, deux graves difficultés, l'une relative aux tarifs d'hospitalisation, l'autre, aux contestations qu'avait fait naître le partage de ces frais entre le patron et la victime, quelques tribunaux ayant accueilli, la prétention du patron débiteur de l'indemnité journalière de ne payer seulement, en cas d'hospitalisation que la part correspondant aux frais médicaux, chirurgicaux et pharmaceutiques, à l'exclusion de celle qui représente les frais de subsistance et de séjour à l'hôpital.

Aux termes du nouvel article 4, le chef d'entreprise doit supporter, dans tous les cas, la totalité des frais d'hospitalisation cumulativement avec l'indemnité journalière. Cette solution qu'avait d'ailleurs consacrée la majorité de décisions judiciaires appelées à se prononcer sur la question tient compte du caractère de l'indemnité journalière, destinée à subvenir autant aux besoins de la famille de la victime qu'à ses besoins propres, en même temps que de l'impossibilité pratique de ventiler exactement dans le prix de journée d'hôpital, la part des frais médicaux et pharmaceutiques et celle des frais de nourriture et de séjour. Elle s'inspire au surplus de cette idée, aujourd'hui avouée de tous, que, dans tous les cas d'accidents graves, une hospitalisation bien aménagée, présente aussi bien pour le chef d'entreprise ou son assureur que pour la victime elle-même des avantages évidents, puisqu'elle assure un traitement spécialisé qui hâte la guérison, réduit au minimum les complications en cours de traitement et atténue dans toute la mesure du possible, en même temps que l'incapacité finale de l'ouvrier, la responsabilité pécuniaire du patron et la perte économique de l'industrie.

Pour parer à des abus auxquels pouvait prêter le silence de la loi de 1898, le législateur a tenu d'ailleurs à mettre lui-même un frein aux exigences possibles des administrations hospitalières. Prenant en égale considération les intérêts des hôpitaux, qui ne sauraient, en principe, souffrir de l'application de la législation sur les accidents du travail et les intérêts des industriels qui ne peuvent être à la merci de leurs prétentions ou de celles de leurs médecins, il a disposé que des frais d'hospitalisation « tout compris », ne pourront dépasser le tarif établi pour l'application de l'article 24 de la loi du 15 juillet 1893 (sur l'assistance médicale gratuite) majoré de 50 p. 100, ni jamais excéder 4 francs par jour pour Paris ou 3 fr. 50 partout ailleurs. Ce tarif ainsi déterminé comprend d'ailleurs tous les frais, sans que le débiteur de ces frais puisse être en butte à aucune autre réclamation, soit de l'hôpital, soit des médecins qui y traitent les victimes, soit des pharmaciens qui y fournissent des médicaments. Si des difficultés nouvelles venaient à s'élever sur ce point, malgré le sens très net du texte et des discussions qui en ont précisé la portée, je resterais disposé à vous fournir à cet égard des éclaircissements complémentaires, sauf à me concerter, s'il en était besoin, avec mon collègue de l'intérieur.

Le quatrième alinéa de l'article 4 sanctionne purement et simplement une jurisprudence dès maintenant établie, en permettant aux médecins et pharmaciens choisis par la victime ou aux établissements hospitaliers de réclamer directement au chef d'entreprise les frais médicaux et pharmaceutiques ou d'hospitalisation dus par lui pour l'ouvrier blessé.

Les trois derniers alinéas (nouveau) du même article ont pour but de mettre le chef d'entreprise, dont la responsabilité pécuniaire est engagée, à l'abri des dommages que pourrait lui infliger une prolongation injustifiée de traitement. Ils lui réservent le droit de désigner au juge de paix, au cours du traitement, un médecin chargé de le renseigner sur l'état réel de la victime. Ce texte précise suffisamment que le médecin ainsi désigné n'a pas le caractère d'un médecin expert, qu'il ne peut s'immiscer dans les soins donnés à l'ouvrier par le médecin de son choix ou par les médecins traitants de l'hôpital, et que ses honoraires restent, en toute hypothèse, à la charge du patron qui l'a désigné. Le législateur a d'ailleurs pris soin de subordonner ces visites au visa préalable du juge de paix, d'autoriser seulement une visite hebdomadaire et de réserver expressément la présence du médecin traitant, dûment prévenu de cette visite deux jours à l'avance par lettre recommandée, de manière que l'ouvrier, fort de la présence de son propre médecin, puisse toujours se trouver à l'abri de toute ingérence dans son traitement comme de toute intimidation volontaire ou involontaire sur son esprit.

C'est seulement pour le cas où toutes ces conditions remplies et toutes ces garanties assurées l'ouvrier se refuserait à la visite médicale admise par la loi, que l'article 4 prévoit, comme sanction, la suspension du payement de l'indemnité journalière; encore faut-il prendre garde que le patron ou son assureur ne saurait alors réaliser lui-même cette suspension sans violer la loi et s'exposer à des dommages-intérêts. Il ne peut que saisir le juge de paix qui seul a qualité pour statuer, après avoir convoqué la victime par simple lettre recommandée.

Le chef d'entreprise, qui peut avoir intérêt immédiat à faire établir les suites de l'accident, a du reste, s'il s'agit d'incapacité temporaire, la faculté de requérir du juge de paix une expertise médicale, qui devra avoir lieu dans les cinq jours.

Art. 10. — Deux modifications sont apportées par le législateur de 1905 au texte de cet article.

La première, qui est une simple amélioration de rédaction, spécifie que le salaire annuel des ouvriers occupés dans l'entreprise depuis moins de douze mois avant l'accident doit s'entendre de la rémunération effective qu'ils ont reçue depuis leur entrée, augmentée de la rémunération qu'ils auraient pu recevoir pendant la période de travail nécessaire pour compléter les douze mois, d'après la rémunération moyenne des ouvriers de la même catégorie pendant ladite période. C'est d'ailleurs ainsi que la jurisprudence interprétait généralement, sous l'empire de la loi du 9 avril 1898 le texte moins explicite du second alinéa de l'article 10.

Un paragraphe nouveau inséré au même article prévoit le le cas de chômage exceptionnel et involontaire de l'ouvrier et décide en pareille hypothèse qu'il sera fait état du salaire moyen qui eût correspondu à ces chômages. Les tribunaux, qui en chaque espèce auront à apprécier la nature des chômages invoqués par l'ouvrier et la part de sa volonté dans ces chômages, ont déjà à plusieurs reprises et sous diverses distinctions, tenu compte notamment de périodes d'exercices militaires et de chômages résultant de grèves.

Cette disposition nouvelle du dernier alinéa de l'article 10 s'applique d'ailleurs aussi bien en cas de travail continu qu'en cas de travail intermittent.

Art. 15 et 16. — Les modifications apportées à ces deux articles figurent parmi les plus importantes de la loi nouvelle.

Tout d'abord le législateur de 1905 s'efforce d'y trancher, de façon à écarter tout conflit de compétence et toute hésitation de procédure, la question délicate de la délimitation des pouvoirs respectifs des deux juridictions (justices de paix et tribunaux civils) appelées éventuellement, au cas du même accident, à se prononcer sur les indemnités légales, selon qu'il s'agit d'indemnités journalières d'incapacité temporaire et frais médicaux, pharmaceutiques ou funéraires, d'une part, ou bien, d'autre part, de rentes dues à la suite d'incapacité permanente ou de décès.

Il apparut, en effet, à l'expérience, qu'en réservant au juge de paix la connaissance des différends portant, sans parler des frais funéraires et des frais de maladie, sur les « indemnités temporaires », et au tribunal civil celle des contestations relatives aux « autres indemnités », le législateur de 1898 n'avait fait que poser le principe du partage, laissant à la jurisprudence le soin difficile d'en dégager les conséquences et les applications.

Le législateur de 1905 lève d'abord à cet égard toute difficulté de compétence :

1° En confirmant la compétence du juge de paix pour statuer sur les indemnités journalières, qu'il s'agisse d'incapacité permanente, absolue ou partielle, aussi bien que d'incapacité temporaire.

2° En réservant expressément au tribunal civil, en cas d'incapacité permanente, la fixation du point de départ de la rente d'incapacité aussi bien que la détermination de la rente même.

Sur le premier point, la loi nouvelle met fin à des conflits négatifs de compétence, qui se produisirent parfois au détriment des victimes d'accidents, lorsque le tribunal étant saisi d'une action à fin de rente, le patron se refusait à servir à l'ouvrier, en cours d'instance, et jusqu'à la décision définitive, l'indemnité de demi-salaire prévue au quatrième alinéa de l'article 16. La Cour de cassation n'avait pu remédier à cette situation qu'en recourant à l'application de l'article 171 du Code de procédure civile ; la loi nouvelle, au contraire, consacre la compétence exclusive du juge de paix.

Sur le second point, le législateur de 1905 se range aux solutions de la jurisprudence de la cour suprême et met fin aux divergences de vues qui avaient séparé la Chambre et le Sénat en ce qui concerne la consolidation de la blessure et la compétence pour la fixation de la date de cette consolidation.

Il est donc aujourd'hui manifeste que le législateur a entendu nettement séparer le domaine de la justice de paix de celui du tribunal civil, en déterminant, dans l'article 15 et dans l'article 16, les règles qui les dominent respectivement.

Dans l'article 15, le texte remanié affirme la compétence du juge de paix en matière d'indemnité journalière, de frais médicaux ou pharmaceutiques et de frais funéraires, en même temps qu'il consacre le droit initial et exclusif du tribunal d'arrondissement au cas d'action à fin de rente ; il décide à cet égard que, si l'une des parties soutient avec un certificat médical à l'appui, que l'incapacité est permanente, le juge de paix doit se déclarer incompétent par une décision dont il transmet dans les trois jours, expédition au président du tribunal (art. 15, § 2).

Si d'ailleurs la quotité de l'indemnité journalière ne s'est point trouvée fixée par le juge de paix avant cette déclaration d'incompétence, le juge de paix doit en même temps la fixer, et l'indemnité journalière, alors ou précédemment fixée, continue, au cas d'incapacité permanente, à être servie jusqu'à la décision définitive, sous réserve de son remplacement éventuel, dans les conditions prévues à l'article 16, par une provision inférieure.

Au nombre des dispositions nouvelles inscrites à l'article 16 doivent être également signalées :

1° Celle qui impose au juge de paix de statuer, dans les quinze jours de la demande, sur les contestations relatives tant aux frais funéraires qu'aux indemnités temporaires ;

2° Celle qui, au cas de défaut, réserve aux décisions du juge de paix sur l'indemnité journalière le bénéfice de l'exécution nonobstant opposition ;

3° Celle qui étend aux mêmes décisions le recours en cassation pour violation de la loi ;

4° Celle qui limite désormais à 300 francs en dernier ressort la compétence des juges de paix au cas de contestation sur frais médicaux et pharmaceutiques. Lorsque la décision en pareil cas, eu égard à l'importance des sommes en litige, sera sujette à appel, celui-ci devra être formé dans la quinzaine du jugement.

Le septième alinéa de l'article 15 consacre la jurisprudence qui tendait à s'établir en édictant, lorsque l'accident est survenu en pays étranger à un ouvrier détaché, la compétence du juge de paix du canton où est situé l'établissement ou le dépôt auquel appartient la victime ; et les deux derniers alinéas formulent, de façon générale, une exception à la règle de compétence inscrite à l'article 15, en faveur de tous les ouvriers ou employés qui pourraient être victimes d'un accident du travail en dehors du canton où est situé l'établissement auquel ces ouvriers se trouvent attachés. Ces dispositions, qui permettent à la victime blessée en cours de route ou à ses ayants droit, sous les conditions que précise le texte, d'écarter la compétence du juge de paix du canton et du tribunal de l'arrondissement sur le territoire desquels l'accident s'est produit et de requérir celle des magistrats du canton ou de l'arrondissement où est situé l'établissement assujetti, sont de nature à mettre fin aux inconvénients pratiques, et aux frais, qui pouvaient résulter pour les blessés des entreprises de transport, notamment des entreprises de chemins de fer, dans le système de la loi du 9 avril 1898, de l'éloignement du lieu de leur résidence de celui de l'accident.

L'article 16, en son premier alinéa, précise les conditions dans lesquelles le président du tribunal, compétent dans tous les cas d'incapacité permanente et de mort, accomplit le premier acte de sa juridiction.

Si le dossier d'enquête que lui transmet le juge de paix porte mention du décès de la victime, le président doit convoquer les ayants droit et le chef d'entreprise dans les cinq jours de la transmission du dossier. Si le décès n'est connu qu'après cette transmission, le même délai de convocation a pour point de départ la production par la partie la plus diligente de l'acte de décès.

S'il s'agit d'un accident d'incapacité permanente, absolue ou partielle, au cas d'accord entre les parties sur le caractère permanent de l'incapacité, le président doit convoquer les intéressés dans les cinq jours de la remise de l'acte écrit constatan cet accord. Dans la même hypothèse, mais au cas de désaccord entre l'ouvrier et le chef d'entreprise, la réception de la décision d'incompétence du juge de paix prévue à l'article 15 marque le point de départ du délai.

Enfin, pour garantir la victime ou ses ayants droit contre les conséquences de leur inaction prolongée et assurer de la façon la plus complète le règlement dans les conditions légales de tous les accidents de travail dont le caractère originairement grave aura donné lieu à enquête, le même alinéa prévoit la con vocation d'office des parties par le président du tribunal dans les cinq jours précédant l'expiration du délai de prescription de l'article 18, à moins qu'il ne soit impossible de connaître cette date.

Bien que les termes formels de l'article 30 et le caractère d'ordre public de la loi du 9 avril 1898 aient toujours fait obligation juridique aux présidents des tribunaux de ne donner acte que d'accords intervenus en conformité des prescriptions légales, le second alinéa du nouvel article 16 introduit à cet égard une disposition explicite et formelle, rendue nécessaire par l'inexacte compréhension qu'ont eu trop souvent de leur rôle et de la volonté du législateur les présidents de tribunaux ou les magistrats appelés à les suppléer.

Sans parler d'ordonnances ouvertement irrégulières, sanctionnant des accords quelconques des parties, par une application pure et simple des règles ordinaires de la transaction, de nombreuses décisions, sans égard au salaire de la victime et, en cas d'incapacité permanente partielle, sans égard au degré réel de l'invalidité subie, consacraient des rentes d'expédient fixées, en dépit de bases réelles contraires, à une somme inférieure à 100 francs, pour permettre ainsi, en échec aux termes formels de l'article 21, d'illégales indemnisations en capital.

Le nouvel article 16 met désormais obstacle aux instigations des assureurs et aux collusions des parties qui, au détriment final des ouvriers, inclinaient des présidents à subtituer leurs vues propres aux desseins du législateur ; il oblige les présidents, sous peine de nullité, à spécifier les bases de l'accord des parties et à déterminer, la rente eu égard au salaire et à la réduction que l'accident lui aura fait subir. Il spécifie au même point de vue l'ordre des opérations que le magistrat doit constater : d'abord la quotité du salaire de base, puis la quotité de la réduction de salaire correspondant à l'incapacité subie. Il met ainsi sous le coup de la nullité toute ordonnance qui ne ferait pas nettement apparaître la fixation correcte de la rente comme la conséquence légale d'un rapport entre la détermination préalable et régulière du salaire de base et la supputation motivée de la réduction de capacité subie.

Pour permettre au président de remplir efficacement le rôle de vérification et de tutelle que la loi lui a dévolu et pour le mettre mieux à même de se prononcer en connaissance de cause sur la validité des accords qui lui sont soumis, le nouvel article 16 lui donne d'ailleurs le droit de commettre directement, le cas échéant, si les parties le demandent ou y consentent, un expert, qui devra déposer son rapport dans le délai de huitaine. Cette pratique, déjà suivie dans certains tribunaux peut favoriser des accords que le législateur continue à appeler de ses vœux, pourvu qu'ils restent l'expression sincère et contrôlée des règlements dont il a lui-même fixé les bases inéluctables.

La seule modification apportée au troisième alinéa de l'article 16 de la loi du 9 avril 1898 vise le jugement du tribunal civil, qu'elle déclare exécutoire par provision.

Les trois alinéas suivants du nouveau texte ont trait au payement de l'indemnité journalière au cours de l'instance à fin de rente, à la possibilité du remplacement de cette prestation par une provision moindre, aux modifications que peut elle-même subir la provision, aux caractères et au mode de payement de cette indemnité, au point de départ des rentes, aux imputations à opérer sur les arrérages à échoir de la rente allouée, lorsque le montant des indemnités payées après l'époque fixée pour le point de départ de la rente excédera le total des arrérages dus pour la même période, etc.

Chacune de ces dispositions précise et facilite, dans une égale préoccupation des intérêts en présence, l'application du texte, quelque peu rigide et bref des alinéas 4 et 5 de l'ancien article 16. L'alinéa 4 disposait comme dispose le paragraphe 2 (actuel) de l'article 15, qu'au cas de contestation sur la rente, l'indemnité temporaire continue à être servie jusqu'à la décision définitive, mais sans prévoir aucune modification de cette allocation. Il en résultait dans l'hypothèse d'un salaire élevé et d'une incapacité permanente partielle de peu de gravité, que le chef d'entreprise payait pendant tout le cours de l'instance une indemnité disproportionnés aux suites de la blessure et que cette prestation surabondante exposait du même coup l'ouvrier, soit à des répétitions directes, soit à des imputations sur les arrérages pendant de longues années. Le nouvel article 16 prévient et règle ces difficultés en autorisant le président du tribunal, si les parties ne s'entendent pas d'elles-mêmes sur une fixation correspondant à la rente présumée, à déterminer sans appel, dans son ordonnance de renvoi devant le tribunal, une provision inférieure au demi-salaire. Il permet, d'autre part, en cours d'instance, l'allocation d'une semblable provision ou la modification de la provision antérieure, par la voie rapide du référé sans appel, et il prévoit formellement, au cas d'accident ayant entraîné la mort, que les ayants droit, dans les limites de l'indemnité de demi-salaire, peuvent obtenir eux aussi une provision fixée, comme la provision substituée à l'indemnité journalière, par le président du tribunal soit dans son ordonnance de renvoi devant le tribunal, soit, l'instance étant liée, dans une ordonnance de référé.

Ces provisions qui ne sont en réalité que des indemnités journalières réduites à la quotité présumée de la rente attribuable sont d'ailleurs formellement assimilées aux indemnités journalières, payables dans les mêmes conditions et délais, incessibles et insaisissables. Pas plus que les indemnités journalières, elles ne peuvent se cumuler avec les arrérages de la rente ultérieurement fixée ; mais dans le cas où leur total viendrait à excéder les arrérages dus depuis la date de la consolidation de la blessure jusqu'à la date de la fixation de la rente, le tribunal, tenant compte des circonstances de fait et de la situation des parties, pourrait échelonner la compensation du surplus sur les arrérages ultérieurs dans une proposition et par conséquent dans un délai dont il resterait juge.

Enfin, le nouvel article 16 contient un dernier alinéa dont la portée au regard des chefs d'entreprise assurés est, en droit, considérable. En déclarant qu'au cas d'assurance l'ordonnance ou le jugement fixant la rente substituent désormais l'assureur au chef d'entreprise débiteur, la loi nouvelle n'a pas pour effet de décharger les chefs d'entreprise assurés, en cas de résistance ou d'insolvabilité de leurs assureurs, des responsabilités pécuniaires dont la loi du 9 avril 1898 suffissait à les garantir, mais elle met obstacle à l'exercice même de l'action que l'ouvrier non payé à l'échéance pouvait à la rigueur diriger contre le patron resté son débiteur direct, par préférence à la procédure rapide et sans frais mise par ailleurs à sa disposition pour obtenir le payement de sa créance sur le « fonds de garantie » visé à l'article 24 de la loi Désormais la procédure suivie au nom du chef d'entreprise, qui peut seul être juridiquement en cause jusqu'à l'obtentiou de l'accord ou du jugement prévus à l'article 16 ne devient, dès cet accord ou ce jugement, applicable dans ses effets qu'à l'assureur qui lui est ainsi immédiatement et définitivement substitué par l'ordonnance ou le jugement.

Art. 19. — Les précisions introduites dans le texte de l'article 19 de la loi du 9 avril 1898 et les complèments apportés à ce texte apparaissent également au nombre des modifications les plus considérables de la loi nouvelle.

Réformant une jurisprudence qui ne semblait nullement correspondre à l'esprit de la loi de 1898, mais que pouvait justifier une interprétation littérale, le nouveau texte commence par rappeler, à titre interprétatif, que l'action en revision est ouverte, non pas seulement lorsque les conséquences de la blessure, s'étant dès l'origine manifestées comme graves, ont donné lieu de ce chef à la liquidation d'une rente viagère d'incapacité permanente mais aussi lorsque, l'accident n'ayant donné lieu tout d'abord qu'au seul payement de l'indemnité de demi-salaire, ses conséquences graves ne se sont révélées que postérieurement.

Levant par ailleurs une difficulté de détail, le même alinéa précise, au cas de revision d'une indemnité d'incapacité permanente, que l'action en revision n'est pas écartée par le fait du remplacement initial de la pension, inférieure à 100 francs, par le payement d'un capital, dans les conditions prévues à l'article 21 de la loi.

D'autre part, le texte innove, en disposant que le délai de trois ans fixé pour l'exercice de l'action courra de la date à laquelle a cessé d'être due l'indemnité journalière, sans distinguer si celle-ci a été payée amiablement ou à la suite d'une décision de justice de paix.

L'objet essentiel du nouvel article 19 est la détermination définitive de la compétence et de la procédure, en matière de revision : cet article met fin à des interprétations dont les conséquences, singulièrement dommageables pour les victimes d'accidents ou leurs ayants droit, devenaient chaque jour plus préoccupantes.

Bien qu'il parût logique, autant que conforme à l'intention du législateur de 1898, de calquer la procédure de revision sur la procédure de jugement, le silence de l'article 19 avait laissé place à une pratique judiciaire que les débiteurs de rentes avaient un intérêt manifeste à susciter et à propager : se refusant à interpréter ici la loi par elle-même, n'entendant recourir qu'aux règles du droit commun, le juge de paix consentait à connaître comme magistrat conciliateur de la fixation d'indemnités afférentes à des accidents d'incapacité permanente ou de mort, dont il doit seulement connaître aux termes de l'article 13, comme magistrat enquêteur et laissait ainsi l'accord des parties, en échec aux principes d'ordre public et de procédure spéciale introduits en 1898, établir à l'abri de la procédure de droit commun des transactions sur les décisions de justice antérieurement rendues dans les conditions et sous les sauvegardes voulues par le législateur.

L'article 19 nouveau rend impossible, à l'avenir, de tels errements, en déclarant formellement « applicables à la revision les conditions de compétence et de procédure fixées par les articles 16, 17 et 22 » et en réglant minutieusement l'instance en revision.

Pour faciliter d'ailleurs au chef d'entreprise l'exercice de l'action en revision en cas d'amélioration de l'état du blessé durant le délai légal, le nouveau texte, s'inspirant à cet égard de la disposition du cinquième alinéa (nouveau) de l'article 4, dispose qu'au cours des trois ans pendant lesquels peut s'exercer l'action en revision, le chef d'entreprise aura le droit de désigner au président du tribunal un médecin chargé de le renseigner sur l'état de la victime, soit qu'il veuille s'éclairer sur l'opportunité d'une action à fin de réduction ou de suppression de rente, soit qu'il ait intérêt à discerner la réalité et l'origine d'une aggravation que la victime aurait à faire valoir. Mais ce droit de visite est en tout cas limité à l'hypothèse où l'accident a entraîné une incapacité permanente et a donné lieu à l'attribution d'une rente. Le législateur n'a pas voulu étendre au cas où la blessure n'aurait entraîné qu'une incapacité temporaire un droit que justifiait principalement un intérêt immédiat du chef d'entreprise.

Le dernier alinéa de l'article 19 vient compléter les dispositions insuffisantes de l'article 9, en ce qui concerne les demandes exceptionnelles de reversibilité de rentes ou d'attributions partielles de capital. Il dispose que ces demandes devront être formées au plus tard dans le mois qui suit l'expiration du délai imparti pour l'action en revision.

Enfin l'article 19 modifié ne contient plus la disposition primitive aux termes de laquelle « le titre de pension n'est remis à la victime qu'après l'expiration des trois ans ». Ce texte, survivance d'un système finalement écarté par le législateur de 1898, demeurait sans application pratique et présentait le grave inconvénient de laisser planer quelque doute sur le caractère des rentes allouées. Le législateur de 1905, en même temps qu'il supprime une disposition caduque, écarte du même coup, semble-t-il, toute allocation de rentes provisoires ou échelonnées, ne laissant place qu'à des rentes définitives, sous la seule réseve des revisions possibles, dans les conditions mêmes où l'article 19 de la loi les a organisées.

Art. 21. — Cet article, dans son texte modifié, écarte, au cas de minorité de la victime, la possibilité de remplacer par un capital la pension qui ne dépasse pas 100 francs et interprète définitivement la législation antérieure en ce sens que, dans tous les cas, le rachat exceptionnellement admis pour les rentes de moins de 100 francs ne peut être effectué que d'après le tarif spécifié à l'article 28 de la loi. Il garantit ainsi aux victimes d'accidents l'indemnité exacte à laquelle elles ont droit et dont jusqu'ici elles avaient été, en pareil cas, dans la pratique, trop souvent privées. Il se produisait, en effet, fréquemment, sans égard aux termes précis de l'article 21 qui, en autorisant le « remplacement » de la rente par le payement d'un capital, ne pouvait avoir en vue qu'une équivalence et un rachat véritables, que des offres de payement de sommes inférieures à la valeur réelle de la rente étaient faites par des assureurs et que les victimes d'accidents ou leurs ayants droit, séduits par l'appât d'un capital immédiatement versé, les acceptaient sans discussion et se prêtaient, sur ces bases, à des liquidations de rentes fictives, que les présidents de tribunaux ne se refusaient pas toujours à admettre.

Art. 27. — Des modifications apportées à cet article, les unes visent les conditions dans lesquelles le ministre du commerce pourra dorénavant mettre fin aux opérations de l'assureur, ainsi que la procédure de ces arrêts de fonctionnement, et fixent législativement la composition du comité consultatif des assurances contre les accidents du travail qui a été institué par l'arrêté ministériel du 1ᵉʳ mars 1899, en exécution de l'article 16 du règlement d'administration publique du 28 février 1889. Les autres, qui présentent une importance générale pour tous les assujettis, règlent de façon précise leur situation dans le cas de ces cessations d'opérations d'assurances et des résiliations de contrats qu'elles entraînent de plein droit aux termes de l'article 11 (3°) du même règlement d'administration publique.

Le cinquième alinéa de l'article remanié dispose que le dixième jour, à midi, à compter de la publication au *Journal officiel* de l'arrêté mettant fin aux opérations de l'assureur, tous les contrats souscrits avec lui pour la couverture des risques régis par la législation sur les accidents du travail cessent de plein droit d'avoir effet.

Il précise, d'autre part, le sort des primes correspondant aux contrats ainsi résiliés d'office et prévoit que sauf stipulation contraire dans les polices, les primes restant à payer ou les primes payées d'avance ne demeureront acquises à l'assureur qu'en proportion de la période d'assurance réalisée.

Combinés avec la disposition finale du nouvel article 16, ces dispositions fixent désormais avec une entière précision lasituation des chefs d'entreprise assurés au regard de leurs assureurs, comme au regard des victimes et du fond de garantie. Elles les inciteront sans doute à ne plus s'adresser sans discernement à des sociétés d'assurances sans surface suffisante et à préserver ainsi, en même temps que les intérêts généraux de l'industrie qui alimente le fonds de garantie, leur propre sécurité par le choix d'assureurs pratiquant correctement l'assurance avec des primes normales et à l'écart de toute spéculation.

Il faut enfin signaler qu'en faisant porter le privilège établi pour le payement des pensions et indemnités prévues à l'article 23, paragraphe 2, de la loi du 9 avril 1898 sur le montant des réserves mathématiques et des cautionnements, le législateur de 1905, élargissant le sens de l'article 2 du règlement d'administration publique du 28 février 1899, restitue au texte initial de l'article 27 toute sa portée et étend explicitement le bénéfice du privilège à toutes les réserves mathématiques que sont tenues de gérer les sociétés d'assurances débitrices de rentes.

Art. 30. — Les dispositions nouvelles de cet article confirment et accentuent le caractère d'ordre public imprimé aux dispositions de la loi du 9 avril 1898.

Ce ne sont pas seulement les conventions extrajudiciaires, contraires à la loi, que le législateur frappe de nullité, ce sont aussi bien, et pour les mêmes motifs, les accords dont les présidents de tribunaux donneraient acte sur des bases autres que les bases légales ou dont la régularité ne résulterait pas des énonciations de leurs ordonnances.

L'expérience a en effet montré qu'un grand nombre d'ordonnances, méconnaissant le but de protection ouvrière poursuivi par la loi nouvelle, le caractère impératif de ses fixations et le rôle de contrôle effectif dévolu au président du tribunal, se bornaient purement et simplement à enregistrer l'offre du chef d'entre prise ou de son assureur et l'acceptation de la victime, sans égard à la quotité réelle du salaire de base et à l'importance constatée de l'incapacité, couvrant ainsi d'une régularité de forme de graves irrégularités de fond et abritant sous l'autorité de la justice des surprises ou des collusions que le législateur avait entendu prévenir.

Les unes et les autres seront maintenant et au cas de liquidations initiales et au cas de revisions, formellement atteintes par la disposition complémentaire de l'article 30 qui sanctionne le caractère d'ordre public des nullités prévues audit article, en disposant qu'elles pourront être poursuivies par tout intéressé, c'est-à-dire, à défaut des parties, par le représentant du ministère public, devant le tribunal civil visé aux articles 16 et 19 de la loi du 9 avril 1898.

Dès lors, le blessé ou ses ayants droit qui auraient souscrit à la liquidation d'indemnités inférieures à celles auxquelles réellement la loi leur donnait droit, et qui n'auraient point trouvé auprès du président du tribunal le protecteur éclairé et actif que la loi leur réserve, pourront, dans les délais de prescription de droit commun, c'est-à-dire durant trente ans, poursuivre l'annulation de l'accord qui leur préjudicie et sans se voir opposer la prescription d'un an édictée à l'article 18 ou le délai de trois ans inscrit à l'article 19, obtenir la liquidation nouvelle et régulière de leur indemnité.

Comme on a toutefois pu redouter que les victimes ou leurs représentants, sous le couvert de l'assistance judiciaire de plein droit, n'engagent témérairement des actions en nullité et puissent exposer ainsi les chefs d'entreprise ou leurs assureurs à des frais frustratoires, la loi ajoute que les règles ordinaires de l'assistance judiciaire redeviennent applicables à ces actions en nullité et que l'obtention en devra être poursuivie dans les conditions de la loi du 22 janvier 1851, modifiée par celle du 10 juillet 1901. Il est à présumer, au surplus, que les bureaux d'assistance judiciaire sauront, en pareille matière, s'inspirer de l'esprit manifeste de la loi et mettre toujours les intéressés à même de poursuivre le redressement d'ordonnances qui ne feraient pas pleinement foi de leur conformité aux dispositions légales.

Les précisions nouvelles et les améliorations apportées par les lois des 22 mars 1905 et 31 mars 1902 au texte de la loi du

9 avril 1898 contribueront sans doute à protéger mieux que par le passé les victimes d'accidents et leurs ayants droit contre l'exploitation des agents d'affaires auxquels incombent sans doute pour une large part les irrégularités relevées dans l'application des articles 16, 19 et 21 de la loi. Le nouvel article 30 s'est d'ailleurs efforcé d'atteindre directement leurs agissements : 1° au point de vue civil, en frappant de nullité les obligations contractées envers eux moyennant émoluments convenus d'avance par les victimes d'accidents ou leurs ayants droit, contre engagement de leur part d'assurer à ces derniers le bénéfice des accords ou des instances prévus aux articles 15, 16, 17 et 19 ; 2° au point de vue pénal, en les frappant d'une amende correctionnelle pouvant s'élever, en cas de récidive, jusqu'à une somme de 2000 francs pour toutes offres de service faites par eux dans les conditions ci-dessus spécifiées.

Le législateur s'est également préoccupé d'assurer, par les mêmes sanctions, le respect des dispositions qui, d'une part, mettent à la charge du seul chef d'entreprise la responsabilité des accidents de travail ou le payement des primes d'assurance destinées à couvrir cette responsabilité, et qui, d'autre part, réservent à la victime, si elle le désire, le libre choix de son médecin et de son pharmacien.

Il a enfin frappé des mêmes peines les médecins qui, en connaissance de cause, ne craindraient pas d'altérer, soit à l'encontre des victimes, soit à l'encontre des chefs d'entreprise ou de leurs assureurs, l'exacte portée de leurs constatations médicales.

En vous rappelant que la loi du 31 mars 1905 est applicable aux accidents visés à la loi du 30 juin 1899, et qu'elle n'entre en vigueur que trente jours après sa promulgation en ce qui concerne l'indemnisation des quatre premiers jours pour les incapacités de travail ayant duré plus de dix jours (art. 3)et en ce qui concerne le maximum des frais d'hospitalisation (art. 4), j'aurai achevé de vous donner les éclaircissements essentiels qu'elle paraît dès maintenant appeler.

C'est au lendemain de la mise en vigueur de la loi du 9 avril 1898, que mon administration fait appel à votre concours et à votre zèle pour que, dans toutes les occasions qui s'offriront à vous, et en recourant à toute la publicité dont vous pouvez disposer, vous vous efforciez de faire connaître à tous les intéressés la législation ainsi complétée, sans manquer « d'en signaler les obligations et les sanctions à qui tenterait de la méconnaître ou de l'éluder ».

Le ministre du commerce, de l'industrie,
des postes et des télégraphes,

F. DUBIEF.

Imp. J. Dumoulin, rue des Grands-Augustins, 5, Paris.

REVUE JUDICIAIRE

DES

ACCIDENTS DU TRAVAIL

CONTENANT

LES LOIS, DÉCRETS, ARRÊTÉS, CIRCULAIRES

ET TOUTES LES DÉCISIONS JUDICIAIRES IMPORTANTES

REVUE MENSUELLE

DE

DOCTRINE, JURISPRUDENCE ET LÉGISLATION

PUBLIÉE PAR

M. ÉMILE BERT

Docteur en droit,
Ingénieur des Arts et Manufactures

AVEC LE CONCOURS D'AVOCATS, DE MAGISTRATS PROFESSEURS

et honorée de souscriptions des Ministères de la Justice et du Commerce & de l'Industrie

SECRÉTAIRE DE LA RÉDACTION

M. G. FÉOLDE

Ingénieur des Arts et Manufactures,
Docteur en droit, Avocat à la Cour d'appel de Paris
Professeur à l'École Commerciale de Paris
(fondée et administrée par la Chambre de Commerce)

Abonnement annuel : **10** fr.

Prix de la livraison : **1** fr.

PARIS

RÉDACTION ET ADMINISTRATION

7, boulevard Saint-Denis, 7